Heidemarie Brosche

Die blödeste Superkraft aller Zeiten

AF196131

Heidemarie Brosche

Die blödeste
Superkraft
aller Zeiten

Mit Illustrationen von
Jana Moskito

Hase und Igel®

Herzlichen Dank an Gerhardt Matthey!
Er weiß schon, wie er mich auf die Idee zum Buch gebracht hat.

Als Titel der Reihe LEVEL 1, 2, 3
liegt dieses Buch in drei Schwierigkeitsstufen vor.

Außerdem gibt es dazu für Lehrkräfte
ein ausführliches Begleitmaterial beim Hase und Igel Verlag.

© 2023 Hase und Igel Verlag GmbH, Frei-Otto-Straße 18,
80797 München, service@hase-und-igel.de
www.hase-und-igel.de
Lektorat: Anna Schultes
Satz: Appel Grafik München GmbH
Druck: Grafisches Centrum Cuno GmbH & Co. KG, Gewerbering West 27,
39240 Calbe (Saale), info@cunodruck.de

ISBN 978-3-86316-259-7
3. Auflage 2025

Inhalt

1. Unterricht zu Hause

„Ben!" Papas Stimme bohrt sich in meinen
Traum.

„Was ist?", lalle ich.

„Du hast heute Unterricht zu Hause!", höre
ich ihn vom Flur aus schreien. „Und ich muss
Fiona jetzt in den Kindergarten bringen."

„Warum hab ich Unterricht zu Hause?"

Gerade als ich die Augen noch mal schließen
will, schießt Papas Kopf ins Zimmer. „Ein

Wasserrohr ist kaputt", sagt er gehetzt. „Wir gehen jetzt, tschüss!" Auch Fifi steckt ihren Kopf schnell noch durch den Spalt und grinst.

Als die Haustür ins Schloss fällt, verarbeite ich die Nachricht: Gleich in der ersten Schulwoche ist ein Wasserrohr kaputt. Kann das Ding nicht während der Ferien platzen? Ausgerechnet heute wäre ich nämlich gern in die Schule gegangen. Ich wollte vor Lena einen coolen Auftritt hinlegen. Mit dem tollen Kristallstein. Und jetzt dieses blöde Rohr!

Wenn das so weitergeht, kann ich mir den Stein irgendwann an den Hut stecken.

Ein paar Stunden später quält mich eine Fliege mit ihrem Gesurre. Zum x-ten Mal schlage ich in die Luft. Dann stiere ich mit müden Augen zurück auf den Bildschirm. Erst 12.20 Uhr!

8

Ich muss gähnen. So stark, dass die Fliege meine Zunge mit einer Landebahn verwechselt. Bäh! Ich springe auf und puste das Tier auf den Schreibtisch. Die Fliege schüttelt sich und surrt davon. Die hat's gut. Ich dagegen muss Herrn Huch zuhören – es geht um die Bäume im Herbst. Den Herbst kann ich nicht leiden. Denn da sind die Sommerferien vorbei.

Ich suche mit meinen Augen wieder mal den Bildschirm ab. Nein, Lena ist immer noch nicht zu sehen. Und keiner meiner Freunde. Klar, die schalten alle die Kamera aus. Wie ich.
5 Nur die Gesichter von Mia, Timo und ein paar anderen Trantüten glotzen mir entgegen.

Ich greife nach meinem Handy. Das Burgenspiel von gestern Abend war echt cool. Gerade als ich eine neue Zugbrücke
10 bauen will, vibriert es. Eine Nachricht. Danke, Universum. Endlich etwas los!

Neugierig öffne ich die Nachricht. Was ich da lese, kann ich kaum glauben:

Hallo Ben! Mach gleich mit bei unserem Gewinnspiel! Mit etwas Glück gewinnst du eine Superkraft. Klicke hier: *www.superkraft.de.*

2. Gewinnspiel mit Superkraft

Ich überfliege die Nachricht noch einmal.
Klar, unbekannte Links soll man nicht an-
klicken. Aber eine Superkraft? Wie Lena
wohl schauen würde, wenn ich plötzlich
5 Super-Ben wäre?

   „Wer nicht wagt, der nicht gewinnt", sagt
Oma immer. Schnell klicke ich den Link an.
Es öffnet sich eine Seite mit folgendem Text:

BAUGRUBEN – Welches neue Wort kannst
10 *du aus den Buchstaben dieses Wortes bilden?*
Achtung: Es geht um Zeit. Tippe das Wort hier
ein. Vielleicht gewinnst du eine Superkraft!

In meinem Hirn geht es rund.
   RAUBEBUNG – Mist, das ist kein Wort!
15 GRAUBUBEN – Witziges Wort! Aber auch
davon habe ich noch nie etwas gehört.
   BURGENBAU – Ja! Ja! Ja!

So schnell ich kann, tippe ich das Wort ein.
Puh, meine Hände zittern. Das habe ich echt
fix gelöst. Bestimmt habe ich alle anderen ge-
schlagen! Da taucht eine neue Nachricht auf:

Glückwunsch, Ben! Du warst sehr
schnell. Aber ein paar Spieler waren
schneller. Freu dich trotzdem:
Eine Superkraft haben wir noch.
Du wirst sie bald spüren!

5   Im nächsten Moment ist die Nachricht auch
schon wieder verschwunden.

Was soll das denn bedeuten? Wachsen
mir jetzt dicke Muskeln? Oder Flügel? Das
wird echt der Hammer, wenn ich als Super-
10 Ben in der Schule erscheine!

Angespannt fiebere ich meiner Superkraft
entgegen. Aber nichts passiert. Gar nichts! Das
war ja wohl das blödeste Gewinnspiel aller
Zeiten. Ich knalle das Handy auf den Tisch.

12

Herr Huch hat jetzt mehrere gepresste
Blätter in der Hand. „Kannst du bitte erklären,
was da im Herbst passiert?", fragt er plötzlich.

„Nein", murmle ich. Herr Huch kann mich
5 ja nicht hören.

„Ben!"

Ich zucke zusammen. Ratlos schaue ich Herrn Huch in die Augen. Dann schalte ich mein Mikro ein und lege einen unglaublich coolen Auftritt hin. „Hä?", krächze ich.

5 Da höre ich eine Stimme. Es ist eindeutig die von Herrn Huch. Aber der sieht mich aus dem Bildschirm mit geschlossenem Mund an.

Ich bin ja wohl der langweiligste
Lehrer auf Erden. Schrecklich!

Was redet der Mann da? Ich schnappe nach
Luft. Haben die anderen das auch gehört?
Doch Mia und Timo verziehen keine Miene.

„Pass auf, Ben", sagt Herr Huch jetzt ganz

5 normal. „Ich versuche es noch einmal."

So langweilig ist Herr Huch nun auch
wieder nicht. Ich bemühe mich zuzuhören.
Brav wiederhole ich, dass der grüne Farbstoff
die Blätter im Herbst verlässt. Dann werden

10 sie gelb und braun. Fast peinlich, was für ein
Musterschüler ich bin.

3. Ein merkwürdiger Tag ____

Als der Unterricht endlich vorbei ist, fülle ich
schnell Herrn Huchs Arbeitsblatt aus. Dann
wärme ich mir den Reis vom Vorabend auf.
Bäh! Aber mein Hunger ist groß.

5   Jetzt wird es wirklich Zeit, dass ich hier
rauskomme! Den Kristallstein stopfe ich in die
Hosentasche. Vielleicht ist Lena
ja auch gerade unterwegs.

Im Treppenhaus kommt
10 mir Frau Steiger entgegen.
Sie wohnt im Dachge-
schoss. An ihren Händen
hängen zwei volle Ein-
kaufstaschen. Sie
15 schnauft ziemlich laut.
Kurz zögere ich. Aber
dann schaue ich sie an
und frage freundlich:
„Kann ich Ihnen helfen?"

Sie schaut mürrisch zurück und schüttelt den Kopf. Selbst schuld!

Da höre ich Frau Steigers Stimme. Doch die sieht mich mit geschlossenem Mund an.

Ich brauche keine Hilfe. Leider kann ich vor Erschöpfung nicht mal mehr lächeln. Dabei hab ich den Jungen sehr gern.

Was redet Frau Steiger da? Ich sehe mich um. Keiner hier, den ich fragen könnte, ob er auch etwas gehört hat. War die Stimme wieder nur in meinem Kopf? Das kann doch

5 nicht sein!

Dann gebe ich mir einen Ruck. „Ich helfe Ihnen wirklich gern", sage ich und nehme der Frau die Taschen ab.

Als wir oben sind, bedankt sich Frau Steiger

10 keuchend. Sie kramt zwei Euro aus ihrer Geldbörse. „Kauf dir was Leckeres!"

Ich schüttle den Kopf. „Hab ich gern getan."

Doch sie lässt nicht locker. „Nimm es bitte!" Sie pustet noch mal Luft durch die Lippen.

18

Ich bedanke mich und stecke die Münze ein.
Heute ist ein merkwürdiger Tag. Das ist sicher!

Schon von Weitem sehe ich Mick und Julian.
Sie spielen Fußball. Etwas abseits drückt sich
5 ausgerechnet Timo herum. Was will der hier?

„Kick den Ball her!", rufe ich Julian zu. Ich
stoppe den Ball und schieße ihn zu Mick. Da
kiekst Timo: „Darf ich mitspielen?"

Der Ball rollt an Mick vorbei. „Timo, du Blödmann!", schreit Mick wütend. „Nur wegen dir
hab ich den nicht gekriegt."

Timo zieht den Kopf ein. Ich schaue Mick

5 ins Gesicht. Plötzlich höre ich seine Stimme.

Mann, den hätte ich kriegen
müssen! Jetzt denken alle, ich
wäre eine Niete.

Ob die anderen das auch gehört haben? Doch
Julian und Timo zeigen keine Reaktion.

„Tut mir leid", sagt Timo leise.

Ich werfe ihm einen kurzen Blick zu. Da

10 höre ich seine Stimme noch mal, aber sein
Mund bleibt geschlossen.

Immer mache ich alles falsch.
Was für ein Mist!

20

„Wie bitte?", frage ich. Julian und Mick verziehen keine Miene. Ich überlege wieder: Höre ich Stimmen? Werde ich verrückt?

„Können wir endlich spielen?", ruft Julian.

5 Ich reiße mich zusammen. Im nächsten Moment sage ich: „Spiel mit, Timo!" Der hat doch gar nichts falsch gemacht.

Schnell schnappe ich mir den Ball. Ich passe ihn zu Timo. Mick runzelt die Stirn.

10 „Warum soll der Blödmann mitspielen?", fragt Julian. Er verdreht die Augen.

„Warum nicht?", entgegne ich möglichst cool. „Dann sind wir zu viert. Zwei gegen zwei."

Julian und Mick spielen gegen Timo und mich. Timo kann echt gut kicken. Irgendwann liegen wir sogar mit einem Tor vorne.

„Das war unfair. Ihr habt vor eurem Tor gar
keinen richtigen Abstoß gemacht", mault Mick.

So ein Quatsch! Da höre ich noch mal
seine Stimme. Und wie vorhin bewegen sich
5 Micks Lippen dabei nicht.

> Mist, wieder blamiert! Ich darf das
> nicht zugeben. Sonst bin ich bei
> den Jungs unten durch.

Oje, Fußball kann ich jetzt nicht mehr spielen.
Ich muss nachdenken. „Hab noch was vor!",
rufe ich und mache mich vom Acker.

4. Der größte Pechvogel ____

Wenig später klettere ich auf die alte Eiche.
Da kann ich ungestört nachdenken.

Wieso höre ich auf einmal Stimmen? Warum
erfahre ich Dinge, von denen ich nichts ahnte?
5 Mein Lehrer ist mit sich unzufrieden. Frau
Steiger will keine Schwäche zeigen. Mick
schämt sich. Und Timo ist traurig, weil er
denkt, dass er alles falsch macht.

Plötzlich dämmert mir etwas. Was stand
10 auf meinem Display?

> ... Eine Superkraft haben wir noch.
> Du wirst sie bald spüren!

Ist das die Superkraft, die ich gewonnen habe?
Dass ich Gedanken hören kann? Das ist ja
wohl die blödeste Superkraft aller Zeiten!

Ich sinke in mich zusammen. Mir wachsen
15 keine dicken Muskeln. Und keine Flügel. Ich

24

kann mich auch nicht unsichtbar machen. –
Aber ich kann Gedanken hören. Ich bin der
größte Pechvogel auf Erden!

 Zitternd fingere ich mein Handy aus der
Tasche. Mein Herz schlägt mir bis zum Hals.
Ich bin ein Mann mit Superkraft und fertig mit
den Nerven. Na toll!

 Ratlos starre ich auf das Display. Keine
Spur mehr von dem Gewinnspiel. Keine neue

Nachricht. Keine Möglichkeit, etwas rück-
gängig zu machen. Mist! Mist! Mist!

Ich klettere nach unten. Auf keinen Fall
mag ich jetzt nach Hause. Vielleicht ist Papa
früher mit der Arbeit fertig und hat Fifi schon
aus dem Kindergarten abgeholt. Die kleine
Nervensäge ertrage ich im Moment nicht.

Ich trotte zu dem Teich, an dem ich Lena
kürzlich getroffen habe. Niemand da. Ich
lasse Steine über das Wasser hüpfen. Wenn
ich mich unsichtbar machen könnte, könnte
ich Lena begleiten, ohne dass sie es merkt.
Und wenn mir starke Muskeln wachsen
würden, könnte ich ihre Schultasche auf dem
kleinen Finger für sie tragen. Nicht mit der
ganzen Hand wie Robby aus der 5. Klasse.
Mit dem habe ich noch eine Rechnung offen.

Wie seltsam das war, was ich gehört habe!
Was Herr Huch, Frau Steiger, Mick und Timo

gefühlt haben, hätte ich nie vermutet. Bei
Herrn Huch dachte ich, er würde sich ärgern,
weil ich unaufmerksam war. Dabei war er un-
glücklich darüber, so ein langweiliger Lehrer
5   zu sein.

Bei Frau Steiger dachte ich, sie wäre unfreundlich. Dabei wollte sie nur nicht zugeben,
wie erschöpft sie war.

Mick hat so getan, als wäre er sauer auf
10 Timo. Dabei hat er sich geschämt und wollte
von sich selbst ablenken. Und bei Timo dachte
ich, er wäre einfach doof. Dabei hat er das
Gefühl, immer alles falsch zu machen.

Plötzlich merke ich, dass es dunkel wird.
15 Das gibt Ärger! Ich schicke ein letztes Stein-
chen über das Wasser und renne los.

Die Haustür steht offen. Schnell düse ich
die Treppen hoch. Ehe ich den Schlüssel ins

Schloss schieben kann, öffnet sich die Tür.
Papa und Fifi blicken mir entgegen. Oh nein,
Papa hat das Gesicht aufgesetzt, das ich
nicht leiden kann. „Du willst wohl gar nicht
5 mehr nach Hause kommen!", schimpft er.

Weil er mich so aufregt, schaue ich ihm
frech in die Augen. Gerade will ich „Nein!"
sagen, da höre ich Papas Stimme.

> Wieso bin ich eigentlich so
> streng? Ich bin doch froh, dass
> Ben heil zurück ist!

Ich starre Papa an. „Tut mir leid", stottere ich.
10 „Ich hab nicht auf die Uhr geschaut."

Papas Gesicht verändert sich. „Jetzt bist
du ja da", sagt er und nimmt mich in den Arm.

„Du follst mich auch in den Arm nehmen",
lispelt meine kleine Schwester. Das S am An-
15 fang kann sie noch nicht richtig aussprechen.

29

„Ach, Fifi!", knurre ich.

„Du follst nicht immer Fifi fagen!", kreischt
Fifi. „Ich bin Fiona."

Ich schaue Fifi in die Augen. Gerade will ich
ihr flüstern, dass ihr Gejaule nervtötend ist. Da
höre ich eine Stimme. Es ist die von Fifi.

Mein Bruder hat mich gar nicht lieb!

„Komm mit, Fiona", seufze ich.
„Lass uns was spielen!"

5. Kraft, die Kraft kostet ___

Am Abend im Bett fühle ich mich so schlapp
wie die Socke, die aus meiner Kommode
hängt. Ich habe sie aus Versehen dorthin
geschossen.

5   Warum bin ich eigentlich so erledigt? Ich
habe ein bisschen Fußball gespielt. Ich bin
auf einen Baum geklettert. Ach ja, und mit
Fiona habe ich einen Zoo gebaut. Aber davon

wird man doch nicht so müde. Ich verstehe das nicht!

Da schraubt sich unerbittlich ein Gedanke in mein Hirn. Die blöde Superkraft! Ob diese Kraft mich meine Kraft kostet? Hilfe, ich will die wieder loswerden! Mir wird das zu viel: Von allen weiß ich, was sie wirklich fühlen.

Ich muss unbedingt noch mal auf mein Handy schauen. Leise schleiche ich zu meinem Schreibtisch. Ich fingere es aus der Schublade. Das ist gegen die Abmachung. Ich musste Papa versprechen, dass es nachts dort bleibt.

„Gewinnspiel Super- kraft" gebe ich in das Suchfeld ein. Eine Oma- Superkraft-Tasse kann ich gewinnen. Und eine

32

Bank lockt: „Gewinnen Sie die Superkraft zum Sparen!" Keine Spur von meinem blöden Gewinnspiel!

Da dringt plötzlich Papas Stimme in meine
5   Gedanken. „Ben!", zischt er. „Du hältst dich nicht an die Abmachung."

Mist! Ich spüre, wie Wut in mir aufsteigt. Klar, das war gegen die Abmachung. Aber muss Papa mich immer kontrollieren?

10   „Ich hatte vergessen, es auszuschalten", lüge ich und schaue ihn unsicher an.

Da höre ich wieder Papas Stimme.

> Ich wollte mich so gern noch mit Ben unterhalten. Wo Fiona endlich schläft. Doch jetzt bin ich richtig enttäuscht.

Ich zucke zusammen. Papa wollte mich gar nicht kontrollieren! Er wollte sich unterhalten.

Am liebsten würde ich sagen: „Papa, ich muss dir was erzählen." Und dann davon berichten, was heute passiert ist. Aber ich lasse es bleiben. Er würde das bestimmt nicht glauben.

Ich gebe Papa das Handy. Er legt es zurück in die Schublade. „Gute Nacht, Ben."

Obwohl ich so müde bin, kann ich nicht schlafen. Ich grüble: Wann genau hat die Superkraft eigentlich gewirkt? Und auf einmal macht es klick! Ich habe die Leute angeschaut.

Ja, vielleicht ist das die Lösung: Ich darf einfach niemandem mehr ins Gesicht schauen. Der Gedanke wirkt wie eine Schlaftablette.

In aller Früh werde ich wach. Sofort schießt mir die Superkraft durch den Kopf. Ob mein Plan wohl aufgeht? Reicht es wirklich, wenn ich den Menschen nicht mehr in die Augen

schaue? Heute Morgen kommt mir diese
Kraft ohnehin völlig irre vor. Habe ich das
Ganze vielleicht doch nur geträumt?

Schnell schnappe ich mir mein Handy und lege mich zurück ins Bett. Ich gebe „Stimmen hören" ein und lese irgendetwas von einer seelischen Störung. Hilfe, ich will keine Störung haben! Da fällt mir noch etwas auf: Jedes Mal, wenn ich so eine Stimme gehört habe, habe ich etwas an meinem Verhalten geändert. Denn ich wusste ja auf einmal, was in den Leuten vorgeht.

Dem Lehrer wollte ich nicht zuhören, weil mich das Thema nicht interessiert hat. Aber dann habe ich doch die Ohren gespitzt. Frau Steiger habe ich die Taschen getragen, obwohl sie mich so mürrisch angeschaut hat. Ich habe auch nicht mit Mick auf Timo geschimpft, sondern habe Timo mit uns Fußball spielen lassen. Ich war nett zu Papa. Dabei hat er mich nicht gerade freundlich empfangen. Ich habe sogar mit Fiona Zoo gespielt.

36

„Ben!", ertönt jetzt Papas laute Stimme.
„Bist du wach?"

„Ja!", antworte ich.

Auf jeden Fall werde ich testen, was

5   passiert, wenn ich die Leute nicht mehr
anschaue. Ich lege das Handy weg und
springe aus dem Bett.

6. Nicht ins Gesicht schauen

„Pielen wir päter wieder?", kräht Fifi beim Frühstück. Sie lacht mich an. Fast lächle ich zurück. Aber dann reiße ich den Kopf zur Seite. Ich darf den Test nicht verpfuschen!

5 „Mal sehen", sage ich und stiere in mein Müsli. Jetzt wird es spannend: Höre ich Fifis traurige Stimme in meinem Kopf? Doch nichts passiert.

Nur Papa sagt: „Ihr habt heute wieder 10 Unterricht in der Schule."

Ja! Fifi ist stumm geblieben. Und noch mal ja! Ich darf in die Schule. Sofort renne ich in mein Zimmer. Dort hole ich den Stein und die Münze von Frau Steiger. Ich stecke beides ein.

15 Als Papa und Fifi zur Tür gehen, rufe ich: „Wir können ja am Abend noch mal spielen, Fiona!"

Sie kehrt um und umarmt mich. „Das war fo toll mit den Tieren!", schwärmt sie.

Ich tue alles, damit ich ihr nicht ins Gesicht schauen muss. Von der Seite erkenne ich, dass in Fifis linkem Auge Schlafsand klebt. „Du musst den Schlafsand wegmachen." Ich zeige

5 mit meinem Finger auf mein linkes Auge.

Fifi starrt mich verständnislos an.

„Hier." Ohne dass ich es will, sehe ich ihr doch noch ins Gesicht. Und höre sie, obwohl sie den Mund geschlossen hat.

Ich hab meinen Bruder fo lieb.

10 Ja, meine Vermutung war richtig!

Ich pule Fifi den Schlafsand aus dem Auge. Dann fällt die Tür hinter ihr und Papa zu.

Ich packe meine Schulsachen

15 und gehe los. Unterwegs schwirrt mir einiges durch den

Kopf, vor allem Lena. Und irgendwann fällt mir Robby ein. Ob er heute neue Gemeinheiten auf Lager hat? Vorgestern hat er mich vor den anderen „Onkel Ben" genannt. Wie

den Reis. Und mir ist keine coole Antwort ein-
gefallen.

Verflixt, ich muss etwas auf Lager haben!
Ich sage seinen Namen vor mich hin. Und
plötzlich ist sie da, die Idee. Nicht schlecht!
Jetzt freue ich mich fast auf Robby.

Zur Sicherheit greife ich noch mal in meine
Hosentasche. Meine Finger finden den Kristallstein, aber auch die Münze. Warum sollte ich
mir davon eigentlich nichts kaufen?

An der Kreuzung biege ich ab zu dem
kleinen Kiosk. Den Mann hinter dem Tresen

habe ich noch nie gesehen. Bestimmt ist er
neu. Ich zeige auf die Knusperschokolade.
Dann lege ich die Münze in den Zahlteller.

Der Mann kramt das Restgeld aus der
5 Kasse. Er lässt mich nicht aus den Augen.
Wieso sieht der mich so unfreundlich an?

Mit funkelnden Augen starre ich zurück.
Und ärgere mich: Genau das wollte ich doch
auf keinen Fall tun! Schon höre ich eine
10 Stimme – die Stimme des Mannes, auch
wenn der mich mit zusammengepressten
Lippen ansieht.

Ich hab Angst, dass mich gleich
an meinem ersten Arbeitstag
jemand beklaut.

Meine Güte, der hat Angst! Deshalb schaut
er so grimmig. Na ja, immerhin weiß ich jetzt:
15 Der Mann hat nichts gegen mich persönlich.

„Auf Wiedersehen", sage ich und lächle.

Unsicher lächelt der Verkäufer zurück.

Ich setze mich kurz auf eine Bank. Hm, soll ich mir ein Stück Schokolade nehmen? Ich be-
5 herrsche mich und stopfe die Tafel in meinen Rucksack. Dann laufe ich in Richtung Schule.

7. Onkel Ben und Robby-Car

Im Schulgebäude bemerke ich Robby hinter mir. Wie bestellt! Er raunt mir mit einem fiesen Grinsen „Onkel Ben" ins Ohr.

In der nächsten Sekunde ramme ich ihm
5 den Ellbogen in die Rippen. „Für dich, Robby-Car!"

Robby jault auf. Genau in diesem Moment rennt Frau Geh vorbei. Bei uns stoppt sie und wirft mir einen bösen Blick zu. Sie fragt Robby lieb, ob alles in Ordnung ist.

Als sie weg ist, dreht sich Robby noch mal um. „Na, warte, Onkel Ben! Das kriegst du zurück!", faucht er. Dann haut er ab.

Herr Huch wendet mir den Rücken zu, als ich das Klassenzimmer betrete. Er pinselt etwas an die Tafel. Unauffällig sehe ich mich um. Lena sitzt an ihrem Platz. Aber sie ist umringt von Marie und Elisabeth. Sie kichern. Menno, ich will doch allein mit Lena sprechen!

Lautstark begrüße ich Julian und Mick. Dann lasse ich mich auf meinen Stuhl fallen. Als Timo ins Zimmer schleicht, sehe ich aus den Augenwinkeln, dass er in meine Richtung linst. Schnell wende ich den Blick ab.

Der Unterricht ist nicht so schlimm wie gestern. In der ersten Stunde wiederholt Herr Huch das mit den Blättern – und ich stelle fest, dass ich noch alles weiß. In der zweiten

Stunde haben wir Englisch. Die neue Grammatik macht mir fast ein bisschen Spaß. Danach kommt Mathe. Allerdings konzentriere ich mich wohl zu sehr auf Lena. Plötzlich weiß ich nicht mehr, wie man schriftlich malnimmt.

Als es zur Pause läutet, blinzle ich zu ihr. Dabei kommt mir eine Idee. Ich könnte Lena ja mal ganz nett in die Augen schauen. Im nächsten Moment verwerfe ich das. Wer weiß, was ich da zu hören bekomme?

Ich pirsche mich an sie heran. Tatsächlich schaffe ich es, neben ihr in Richtung Pausenhof zu gehen, ohne ihr direkt in die Augen zu blicken. Mein Herz beginnt zu trommeln. Was soll ich jetzt eigentlich sagen?

• „Schau mal, ich hab einen total schönen Kristallstein!" – Das klingt, als ob sich ein Kleinkind wichtigmachen will.

47

- „Beim Urlaub in den Bergen hab ich diesen Stein gefunden." – Das ist so spannend wie Herrn Huchs Unterricht.
- „Du interessierst dich doch auch für Steine ..."

Weiter komme ich nicht mit meinen Gedanken. Denn auf einmal steht Robby vor mir. Er stellt sich so blöd in den Weg, dass ich nicht vorbeikann. Mist, den hatte ich ganz vergessen!

8. Pause mit Streitschlichtern

Ich sehe, wie Lena über den Pausenhof zu
Marie und Elisabeth schlendert. Dieser Trottel
Robby! Dann landet sein Ellbogen in meinen
Rippen. Aua! Ich trete dem Kerl gegen das
Schienbein. Er jault so sehr, dass die Pausen-
aufsicht aufmerksam wird. Noch ehe Herr
Friedmann bei uns ankommt, reißt Robby mir
ein Büschel Haare aus. Das wird er büßen!

„Alles klar, Robby-Car?" Ich trete ihm ein zweites Mal gegen das Schienbein. Als Herr Friedmann es schafft, uns zu trennen, hebe ich schnaufend meinen Kopf. Mein Blick fällt

5 auf Lena. Ich kann nicht anders, ich schaue ihr ins Gesicht. Und schon höre ich ihre Stimme.

Wie schade, Ben scheint sich echt gern zu prügeln!

Mist! Jetzt bin ich unten durch bei ihr!

10 „... dulden wir hier nicht!"

Oh, Herr Friedmann hat eine kleine Ansprache gehalten. Die habe ich nicht mitbekommen.

„Schau mich bitte an, wenn ich

15 mit dir rede!", knurrt mich Herr Friedmann an.

50

Ich blicke nach oben. Im nächsten Moment
höre ich seine Stimme in meinem Kopf.

> Ich hab als Schüler selbst ge-
> rauft. Aber jetzt bin ich für die
> Kids verantwortlich.

Das ist ja sehr interessant. Herr Friedmann
hat früher mal gerauft! Und er versteht uns

5 irgendwie. Den Rest von seiner Ansprache
lasse ich über mich ergehen. Dann schleppt
er uns zu den zwei Streitschlichtern aus der
7. Klasse.

Als wir an Lena vorbeikommen, wandern

10 meine Augen kurz zu ihr. Sie schaut auch zu
mir. Und ich höre ihre Stimme.

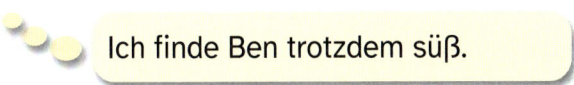

> Ich finde Ben trotzdem süß.

Mein Herz schlägt einen Salto.

Die Streitschlichter haben ja recht: Man muss sich nicht verkloppen, um Konflikte zu lösen. Aber hier ist kein Konflikt zu lösen. Wir können uns einfach nicht ausstehen.

5 Irgendwie kriegen sie uns dazu, uns die Hände zu reichen und in die Augen zu sehen. Oje! Schon höre ich Robbys Stimme.

Eigentlich ist Ben gar nicht so blöd. Aber es macht mich verrückt, dass Lena ihn mag!

Robby findet mich gar nicht so blöd? Und er leidet darunter, dass Lena mich mag? Im Ernst? Am liebsten würde ich Robby jetzt drücken.

9. Grüne Schimmeraugen

In den Stunden nach der Pause sehe ich
immer wieder zu Lena. Dreimal schaut sie
zurück. Und immer höre ich dasselbe:

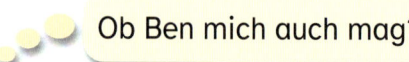 Ob Ben mich auch mag?

Nach dem Unterricht schlendere ich zu ihr.
5 Lena sieht mich erstaunt an, aber sie lächelt.
  „Du findest schöne Steine doch auch toll,
oder?", sage ich, als wir draußen auf dem
Schulhof sind.
  Lena nickt heftig. Ich hole den Kristallstein
10 aus der Hosentasche. Sofort reißt Lena ihre
Augen weit auf. „Wo hast du den her?"
  „Den hab ich im Urlaub gefunden", antworte ich. „Wir waren in den Bergen."
  Lena schüttelt den Kopf. „Der ist so schön!"
15 „Da lagen jede Menge Kristallsteine", sage
ich und überlege. Soll ich ihn wirklich ...?

54

Dann verpasse ich mir selbst einen Schubs.
„Ich schenk dir den Stein." Meine Stimme
kiekst vor Aufregung.

Lenas Kopf fährt herum zu mir. Ich sehe,
5 dass ihre Augen genauso grün schimmern
wie der Kristallstein. „Bist du nicht traurig,
wenn du ihn hergeben musst?", fragt sie.

„Nein!", sage ich fröhlich. „Ich muss ja
nicht." Ich lege ihr den Stein in die Hand.

10 „Cool", sagt Lena. Sie blickt mich mit ihren
grünen Schimmeraugen an. „Viiielen Dank!"

Nebeneinander gehen wir langsam zu dem Haus, in dem Lena wohnt. Sie erzählt mir von ihren Steinen. Am Ende sagt sie noch, dass sie die neue Grammatik in Englisch nicht ver-

standen hat. Gerade in Englisch, meinem
Lieblingsfach! Da meldet sich sofort eine Idee.

Doch als wir vor dem Hochhaus stehen,
holt sie gleich ihren Schlüssel hervor. „Bis
morgen!", sagt sie und winkt mir unsicher zu.
„Bis morgen!" Dann gehe ich nach Hause.

Als ich ankomme, werfe ich mich erschöpft
auf mein Bett. Puh, das war ein Vormittag!
Ich muss an Lena denken. Jetzt weiß ich,
wie sehr sie mich mag. Keine Ahnung, ob ich
sonst den Mut gehabt hätte, sie nach Hause
zu begleiten.

Und Robby! Der ist wohl nur so blöd, weil
er auch gern bei Lena landen würde. Das hat
gar nichts mit mir zu tun. Fast tut er mir leid.

Eines muss ich zugeben: Das Tolle an der
Superkraft ist, dass ich das Verhalten der
Leute plötzlich viel besser verstehen kann!

Auf einmal kommt mir noch etwas in den Sinn: Was würde eigentlich passieren, wenn ein anderer diese Superkraft hätte? Würde der sich auch über mich wundern? Vermutlich ja. Ganz bestimmt lasse ich die Menschen um mich herum nicht immer wissen, was ich denke und fühle. Zumindest bisher nicht. Jetzt sehe ich das anders. Es war doch gut, dass ich wusste, was in den Leuten vorging ...

Ich hole mein Handy. Oh, drei neue Nachrichten! Die neueste ist von Mick.

> Spielen wir heute wieder Fußball?
> Von mir aus auch mit Timo.

Oha! – Die davor ist von Lena.

> Danke noch mal für den Stein!
> Ich finde ihn wirklich superschön. 😍

58

Mein Herz poltert heftig. – Die älteste ist von ...

Jetzt spielt mein Herz endgültig verrückt.

Hallo Ben! Wie versprochen warst du
24 Stunden im Besitz einer Superkraft.
Wir hoffen, du hast sie gut genutzt.
Nun musst du es wieder ohne diese
Kraft schaffen ... 🙂

Ich fühle mich auf einmal schwach. Vergangene Nacht habe ich mir nichts anderes gewünscht, als die Superkraft wieder loszuwerden. Jetzt kann ich es nicht fassen, dass sie weg ist.

5 Wo stand denn was von 24 Stunden?

Ich grüble und grüble. Dann fällt mir etwas ein: Es gab da einen klein gedruckten Text. Den habe ich bloß überflogen. Vermutlich hätte ich ihn doch genau studieren sollen.

10 Plötzlich wird mir noch etwas bewusst: Auf dem Heimweg habe ich Lena angesehen, aber nicht gehört, was ihr durch den Kopf ging.

Irgendwie bin ich traurig, dass die Superkraft weg ist. Aber nur ein bisschen. Vielleicht 15 brauche ich sie gar nicht unbedingt ...

> Hallo Lena, wenn du magst,
> kann ich dir Englisch erklären.
> Soll ich zu dir kommen?

Nach wenigen Sekunden trifft die Antwort ein.

Au ja, das ist total nett. Dann kann ich
dir auch gleich meine Steine zeigen.

Schnell schreibe ich noch an Mick:

Heute nicht. Morgen gern.
Ich frag Timo, ob er Zeit hat.

Ich springe von meinem Bett
auf. In der Küche greife ich
5 mir eine Banane und
mampfe sie im Stehen.
Im Flur fällt mein Blick
durch den Türspalt in
Fionas Zimmer. Kein einziges
10 Tier von unserem Zoo hat sie
niedergetrampelt. Ich höre sie
noch einmal: „Das war fo
toll mit den Tieren!"

Ehe ich die Wohnungstür öffne, weiß ich:
Die kleine Nervensäge und ich werden am
Abend wieder Zootiere hin und her schieben.
Na ja, es gibt Schlimmeres. Aber jetzt gibt
5 es erst mal Besseres! Ich fingere die Tafel
Schokolade aus meinem Rucksack und
renne los.